AF224323

L'AFFAIRE DE CHATEAUVILLAIN

RAPPORT

présenté à l'assemblée des catholiques

(séance du 29 mai 1886)

PAR

M. Paul LAURAS

PARIS

IMPRIMERIE F. LEVÉ

17, RUE CASSETTE.

1886

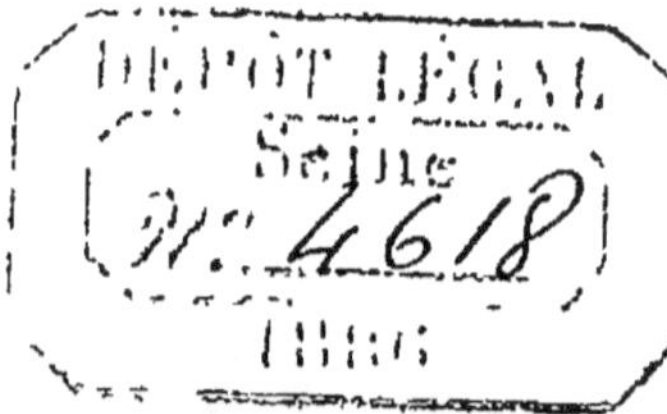

L'AFFAIRE DE CHATEAUVILLAIN

Il y a quatre mois environ, à Jas, dans le département de la Loire, les époux Chapuy viennent de commettre un crime; à diverses reprises, ils font feu sur les gendarmes chargés de les arrêter. Armés, ceux-ci ne ripostent point; ils surveillent la maison, y entrent par surprise, s'emparent des criminels sans les avoir même menacés de leurs armes.

Le 1ᵉʳ février dernier, à Lyon, un autre scélérat nommé Buguet, après avoir poursuivi sa victime. avait lutté contre les agents envoyés pour l'arrêter. Il avait tiré plus de dix coups de revolver sur les gendarmes, et pas un d'eux n'avait cherché à riposter, alors qu'il était si facile et qu'il paraissait d'ailleurs si naturel de le faire. On attendit des heures et des heures, on fît brèche pour pénétrer à l'improviste dans son appartement, s'emparer de lui sans coup férir et sans le moindre mauvais traitement.

Il s'agissait de malfaiteurs, la force armée était patiente, pleine de ménagements; elle conservait le calme impassible qui convient à l'autorité lorsqu'elle met la force au service de la loi, de l'ordre, de la justice.

Il y a quelques semaines, au hameau des Eparres, commune de Chateauvillain, à six kilomètres de Bourgoin, dans le département de l'Isère, le gouvernement voulait faire fermer une chapelle établie au centre d'une usine, y faire apposer les scellés (on aime aujourd'hui à mettre sous scellés les chapelles). Il savait devoir y rencontrer un honnête directeur, un serviteur dévoué, M. Fischer; en sa qualité d'ancien militaire et d'Alsacien, c'était un scrupuleux observateur de la consigne: il en avait fait l'apprentissage à Belfort sous les balles des Prussiens; gardien fidèle, il croyait ne devoir laisser entrer personne sans l'autorisastion de MM. Giraud frères, propriétaires de l'usine et dont il était le représentant. Le gouvernement savait devoir y rencontrer encore des femmes, des· jeunes filles, et il avait envoyé une troupe armée afin de vaincre par la force la résistance passive qu'il pensait devoir rencontrer. — Il négligeait de munir la force publique, comme dans les cas précédents, d'un mandat de justice; mais il donnait le commandement de la troupe à un sous-préfet, qui n'avait pas qualité pour intervenir; il le faisait escorter par un commissaire de police sorti des limites de sa juridiction territoriale, il le faisait accompagner par· un crocheteur, auxiliaire habituel et nécessaire de ces sortes d'expéditions. — Après de pareils préparatifs, où la sérénité de l'impartiale justice cédait la place à la passion, il devait arriver fatalement que les représentants du gouvernement dépassassent toute mesure: on voulait empêcher toute velléité de résistance de se produire, ou tout au moins de se reproduire dans des occasions semblables auxquelles celle-ci pouvait servir de prélude ; il fallait terroriser les catholiques : le sang allait être répandu.

D'où vient cette différence d'attitude ? Je l'ai dit : la justice cédait la place à la passion : on va bientôt en avoir la démonstration. La justice et la passion n'agissent pas de la même manière. La justice, que l'on représente parfois les yeux bandés, doit être clairvoyante ; si un bandeau la protège contre les offres et les séductions des plaideurs, ses oreilles sont ouvertes et attentives aux considérations juridiques, sa balance lui permet de garder en toutes circonstances la mesure exacte, de peser avec précision la répression que mérite toute infraction au droit et à la justice. La passion n'a pas de bandeau, mais elle est aveugle ou bien elle voit rouge ; elle est sourde à toute revendication du droit, elle n'a pas de balance, même fausse, elle n'a la prétention ni de conserver aucune mesure, ni de maintenir aucune proportion entre la faute et la répression ; si la justice procède de l'amour, la passion procède de la haine. En 1793 elle établit des lois de suspects, elle prononce et exécute la peine de mort sur un simple soupçon. En 1871 elle institue la loi des otages et confond dans une même hécatombe, dont nous venons de célébrer le douloureux et glorieux anniversaire, le président Bonjean et Mgr Darboy, les gendarmes, les religieux et les prêtres, les serviteurs de la loi et les ministres de Dieu. — Ses théoriciens ont formulé la doctrine de ces violences ; ils professaient récemment que l'on ne discute pas avec ses adversaires, on les supprime. Aujourd'hui les réunions anarchistes ont toute licence : si leur fureur menace la vie d'un ingénieur, on empêchera la gendarmerie d'intervenir et d'arracher M. Watrin aux mains des assassins ; mais s'il s'agit d'interdire à de pauvres ouvrières d'aller prier dans une chapelle, où depuis 43 ans leurs devancières et elles sont venues chercher la force qui soutient, la consolation qui calme et apaise, les leçons qui protègent la vertu, on braquera un revolver sur la tempe d'un homme désarmé, l'on tirera sur des femmes, sur des enfants, on tirera même sur elles par derrière. C'est un corps d'élite qui sera l'auteur de ce fait d'armes ! La passion seule, la haine du sectaire seule peuvent pousser à de pareils excès.

Ce n'est pas malheureusement un fait accidentel, isolé, exceptionnel : c'est la conséquence d'un système, comme le disait au Sénat l'honorable M. Lucien Brun :

« Le gouvernement par ses discours et par ses « actes a fait comprendre à tous ses agents que, contre « ce qu'il appelle les cléricaux, les ménagements « ne sont pas nécessaires. » Et comme le ministre se défendait d'avoir rien dit de semblable dans ses discours, M. le baron de Ravignan ripostait : « Ce sont vos actes, Monsieur le ministre ! » Et M. Lebrun reprenait : « Est-il vrai, oui ou non, que, en ce moment, il « n'y a pas un fonctionnaire qui ne sache qu'il n'est « pas nécessaire d'avoir des ménagements pour les « institutions et les œuvres catholiques, qui ne sache « de quel côté vient la faveur ! »

En toutes circonstances, en toutes matières, on suit

la même inspiration. Un legs à un orphelinat maçonnique recueillera toutes les faveurs administratives, et les règles s'inclineront pour favoriser une secte exclusive et persécutrice sans qu'il soit besoin de justifier d'un intérêt social !

Mais si une âme charitable laisse une propriété à la congrégation reconnue et autorisée des Filles de la charité de Saint-Vincent de Paul, afin de fonder un hospice en faveur des pauvres vieillards des 15 communes environnantes, si l'acceptation du legs a été autorisée par le conseil d'État, il suffira qu'un journal radical crie à l'injustice et se plaigne de la faveur accordée aux cléricaux pour que le conseil d'État, composé des mêmes membres, statuant sur la même affaire, saisisse le futile prétexte d'une formalité de procédure mal observée, et par un revirement sans précédent, il annulera l'autorisation qu'il avait donnée tout d'abord de recueillir le legs fait par Mme Truchy de la Huproye.

On multiplie les créations de sinécures et les augmentations de traitements inutiles, comme si les ressources de la France étaient inépuisables ! Il ne s'agit pas de chercher, comme l'écrivait hier un journal républicain, si dans une direction il y a vingt-deux employés alors que vingt et un feraient la besogne... Il importe de s'assurer si les vingt-deux employés sont républicains ! — Mais qu'un pauvre curé de campagne, réduit pour toutes ressources à un modique traitement, maigre compensation des biens dont on a dépouillé l'Église, vienne à déplaire à l'un de ces dénonciateurs qui sont les puissants du jour, le ministre des cultes supprimera son traitement sans enquête, sans débat contradictoire, sans justification, s'appuyant sur des faits dont le seul énoncé est souvent absurde et entièrement calomnieux, comme on l'a vu pour l'Ardèche où l'on faisait grief à l'évêque et au clergé de leur conduite politique pendant une retraite ecclésiastique ! Elle n'avait pas eu lieu !

Les contradictions ne coûtent pas d'ailleurs. A la séance de la Chambre du 22 novembre 1883, M. Goblet, alors simple député, blâmait énergiquement M. Ferry, président du conseil, à l'occasion de quelques suppressions de traitement prononcées contre des ecclésiastiques. « Il y voyait, disait-il, un spectacle affli-« geant, et aussi contraire à la dignité de la religion et « des cultes qu'à la dignité de l'État. Tant que l'État « reconnaît aux cultes, ajoutait-il, le caractère de « service public, il doit les rémunérer convenable-« ment ; il n'est pas possible de venir marchander à « leurs fonctionnaires le traitement dont ils sont en « possession. »

Deux ans après, le même M. Goblet, devenu ministre des cultes, multipliait les suppressions, à la suite des élections des 4 et 18 octobre, avec plus d'ardeur et plus de légèreté qu'aucun de ses prédécesseurs; dans la séance du 26 décembre dernier, répondant à M. Buffet, le nouveau ministre des cultes déclarait avoir frappé 161 prêtres de suppression de traitement et en avoir menacé 105 de la même peine, s'ils n'étaient pas déplacés par les évêques ! Depuis lors ces chiffres ont été dépassés de beaucoup. On stigmatise dans l'opposition les violations de la loi; parvenu au pouvoir, on méprise, on foule aux pieds les règles que l'on invoquait la veille ; on imite et l'on dépasse au besoin son prédécesseur, acceptant comme lui la théorie des opinions successives.

Quand ces faits se produisent après les décrets qui ont expulsé les religieux de leurs domiciles, après les lois qui ont chassé Dieu de l'école, comment ne pas reconnaître que les catholiques sont mis hors la loi !

M. Goblet, ministre des cultes, n'a-t-il pas dit tout récemment à la tribune du Sénat, à propos des instituteurs congréganistes, mais sur une question qui doit en réalité s'appliquer à tous les catholiques, *Ce ne sont pas des citoyens comme les autres !* — Ne suffit-il plus de faire publiquement profession de foi pour être dépouillé de tout ce que peut enlever le gouvernement ! — Le général de Geslin n'a-t-il pas été destitué pour n'avoir pas assisté à un enterrement civil auquel il n'avait pas été invité, et pour avoir suivi une procession, ainsi qu'il y était autorisé par les réglements ! — Le colonel de l'Espée, bien fixé sur ce que peut l'égarement des foules, après avoir vu son frère, préfet de la Loire, assassiné par les communards de Saint-Etienne, ne s'est-il pas vu retirer son emploi parce que, se promenant au Havre sur le port, il avait in terposé sa poitrine d'honnête homme et son cœur de soldat entre une tourbe de vauriens et quelques religieux chassés de leur pays !

Dans les détails de l'affaire de Châteauvillain, la violation systématique de toutes les règles édictées dans nos codes prouve de la manière le plus évidente que les catholiques ne peuvent plus compter sur la protection des lois.

MM. Giraud frères, fabricants de soieries à Lyon, appartiennent à une famille où le dévouement à la Religion s'apprend à la naissance et se transmet de gération en génération. Petit-fils de victimes de la Révolution, ils ont appris dès leur plus jeune âge à quels abominables excès, lorsqu'elles ne sont plus retenues par le frein nécessaire de la religion, les passions populaires peuvent se livrer. Il y a 43 ans, ils ont installé dans leur usine des Eparres une chapelle, toujours desservie depuis cette époque, et réellement nécessaire par suite de l'éloignement de l'église paroissiale, située à plus de 4 kilomètres de distance.

Il est vrai que l'art. 44 de la loi du 18 germinal an X (articles organiques) avait édicté que les chapelles domestiques, les oratoires particuliers ne pourraient être établis sans une permission expresse du gouvernement, accordée sur la demande de l'évêque.

Mais à l'exception de quelques mesures arbitraires, assez rares d'ailleurs, prises à une époque où le despotisme de Napoléon Ier ne connaissait plus de bornes et où il faisait détenir un grand nombre de personnes dans les prisons de l'Etat, sans qu'il fût convenable, comme il le déclarait dans le décret du 3 mars 1810, ni de les faire traduire devant les tribunaux, ni de les faire mettre en liberté, — depuis 1814, à la suite de toutes les déclarations en faveur de la liberté des cultes consignées dans les Chartes et les Constitutions, pendant plus de 65 ans, cette prohibition n'avait été observée par personne, pas plus par le gouvernement lui-même que par les particuliers ; toutes les chapelles des lycées et collèges, celles des grandes écoles, des établissements hospitaliers, des prisons ou des palais avaient été ouvertes sur l'autorisation des autorités diocésaines, mais sans aucune intervention du gouvernement. Et M. Dupin, qui ne passait guère pour clérical, reconnaissait que le gouvernement ne pouvait pas s'opposer à l'ouverture d'une chapelle, disant qu'*un refus aurait été une atteinte réelle à la liberté des cultes.*

Donc la chapelle de MM. Giraud avait été ouverte en 1843 sans demander d'autorisation au gouvernement, pas plus que l'on n'en a jamais demandé pour la Sainte-Chapelle du palais de justice. Jusqu'au mois de juin 1885 personne n'avait songé à le trouver mauvais. Mais voici qu'un maire radical et illettré, sollicité par les plus mauvaises influences, demande la fermeture ; il y a dans la paroisse un vicaire spécialement chargé de desservir la chapelle et qui déplaît ! Ne trouvant pas d'autre moyen de se débarrasser de lui, l'on décide que l'on fera fermer la chapelle ! C'est le ministre lui-même, harcelé par les questions de M. Lucien Brun, qui laisse échapper devant le Sénat l'aveu de ce motif, où ce qu'il y a de plus futile tient lieu de toute considération administrative ou gouvernementale.

Si l'on examine rapidement comment on a exécuté cette fermeture, on retrouve à chaque pas la preuve du mépris de la loi lorsqu'il s'agit des droits des catholiques.

Le 19 juin 1885, M. Giraud est invité par lettre du sous-préfet à faire cesser tout exercice du culte dans la chapelle dépendant de son usine. Il donne des explications sur l'existence ancienne de la chapelle, sur les circonstances qui peuvent en justifier la nécessité, et demande son maintien. Ces explications et cette demande semblent donner satisfaction à l'administration ; on n'insiste pas; les élections se passent et rien ne vient troubler la quiétude du propriétaire jusqu'à la date du 6 avril, jour où l'on fait notifier à l'usine des Eparres un arrêté préfectoral, daté du 2 avril, ordonnant la fermeture immédiate de la chapelle comme lieu de culte non autorisé.

Cependant, dès le 9 mars, c'est l'arrêté préfectoral qui révèle cette date, le ministre avait envoyé des instructions au préfet.

Supposez, pour un moment, que le gouvernement avait le droit de prononcer la fermeture de la chapelle, vous allez voir les irrégularités, les illégalités s'accumuler, et la violence arriver par surcroît, pour montrer que *la raison du plus fort est toujours la meilleure* et que nous vivons sous un régime où *la force prime le droit.*

Ce n'est pas au préfet que le ministre devait envoyer ses instructions, c'était à l'évêque. — S'il appartient au gouvernement d'autoriser l'ouverture des chapelles, il appartient à l'évêque d'en faire la demande, d'y ordonner le culte religieux, d'y placer un prêtre, de l'y maintenir ou de le déplacer. L'aumônier d'une chapelle, placé dans ces conditions, n'a d'ordres à recevoir ni du maire, ni d'un fonctionnaire public quelconque ; il relève de son évêque seul, et comme l'a fait très judicieusement remarquer Mgr Fava, *il n'appartient pas plus au préfet ou au ministre des*

cultes de retirer un prêtre de son poste qu'il ne leur appar-
tiendrait d'envoyer relever un soldat en faction.

Le ministre ne l'ayant pas fait directement, il incombait au préfet d'informer l'évêque du diocèse des instructions reçues. Les règles administratives étaient sur ce point d'accord avec les plus vulgaires convenances. Un préfet ne se permettrait pas, malgré ses attributions spéciales dans la direction de l'instruction primaire, ou du moins il ne se serait pas permis, alors que l'on respectait encore les règles, de prendre une décision vis-à-vis d'un instituteur sans avoir préalablement requis l'avis de l'inspecteur d'académie, sans le charger de notifier sa décision.

Mais vis-à-vis du clergé l'on croit pouvoir fouler aux pieds toutes les règles de la hiérarchie administrative, — à tel point que le curé de Châteauvillain aurait été privé de son traitement sans arrêté ministériel, par un simple acte de la volonté du préfet! Celui-ci se contentait de retenir au passage le mandat de payement.

La conduite sera-t-elle plus correcte vis-à-vis du propriétaire de l'usine? — Pas davantage. — L'administration sait qu'il demeure à Lyon, mais au lieu de lui notifier l'arrêté à son domicile, ce qui eût évité toute difficulté, prévenu tout conflit, empêché toute effusion de sang, on le notifie à l'usine.

M. Fischer, directeur, en recevant copie de l'arrêté, demande un sursis pour en référer au propriétaire ; c'était un délai de 48 heures. En présence de l'intervalle de plus de trois semaines écoulé entre l'envoi des instructions ministérielles et la signature de l'arrêté, l'on ne pourrait pas alléguer qu'il y eût urgence, ni que le délai fût excessif; rien d'ailleurs ne saurait motiver la précipitation.

Cependant, avant même que la réponse ait eu matériellement le temps d'arriver, le commissaire de police se présente, accompagné de deux gendarmes, afin de requérir l'exécution.

Même réponse du directeur, et le commissaire se retire. Mais dans quelques heures on verra paraître cinq gendarmes ayant à leur tête un maréchal des logis chef et un autre maréchal des logis; ils seront sous les ordres du sous-préfet.

Dans l'intervalle le courrier est arrivé, il apporte à M. Fischer l'autorisation de laisser fermer la chapelle; dans l'émotion causée par la visite du commissaire de police, il est laissé de côté sans être ouvert. Les affirmations contraires et intéressées qui ont été produites à la Chambre sont aujourd'hui contredites et démenties par une déclaration du procureur de la République lui-même.

Par contre une lettre de M. Giraud est parvenue à la préfecture, elle demande une autorisation formelle afin de régulariser cette longue tolérance; on n'en tient aucun compte, pas même pour modifier les instructions données.

Le sous-préfet arrive; la gendarmerie, l'arme aux poings, se range en demi-cercle; on procède au crochetage. La porte est en fer, elle est solide, elle résiste. Pour tourner la difficulté, le sous-préfet dirige sa troupe vers le nord de l'usine où l'on vient de lui signaler une petite porte en bois : si l'on ne peut la crocheter, on pourra du moins l'enfoncer.

La situation devient critique : Le domicile va être violé.

Tous les avocats républicains, par une consultation demeurée célèbre, donnée dans l'affaire Mégy, ont émis en 1870 l'avis qu'en pareille circonstance un citoyen a le droit de repousser par la force l'aggression faite contre son domicile, et de tuer au besoin l'agresseur qui n'est pas muni d'un mandat de justice régulier.

M. Fischer n'entend pas aller jusque-là, mais il veut faire réfléchir les assaillants, il veut constater la violence qui va être commise, il décharge en l'air deux coups de revolver.

Que se passe-t-il alors ?

Si le meurtre n'a pas été prémédité d'avance, des ordres sont donnés à ce moment. Même sous le feu de l'ennemi la troupe ne peut pas tirer sans ordres ; la gendarmerie connaît mieux que personne cette règle, et si tout à l'heure elle fait feu c'est qu'elle obéit à un commandement.

A qui du chef militaire ou du commandant civil de cette petite troupe doit en remonter la responsabilité ? Le gouvernement n'a pas voulu nous le faire savoir : tout porte à présumer que c'est le sous-préfet qui a donné l'ordre, car c'est lui qui plus tard fera cesser le feu lors qu'il jugera qu'il y a assez de sang répandu.

Tout en préparant cette attaque de vive force on est parvenu près de la petite porte en bois dont la résistance ne peut pas être bien longue ; le crocheteur fait son office, sa besogne ne sera pas difficile. Un nouveau coup de revolver tiré par terre de l'intérieur tente vainement d'appeler une dernière fois la réflexion des assaillants ; la porte cède, les gendarmes se précipitent. M. Fischer est immédiatement désarmé, contenu, terrassé, et c'est alors qu'un coup de revolver lui est tiré par un gendarme, à bout portant.

· Les ouvrières font éclater leur indignation. C'est une explosion de cris :

A bas les lâches, nous ne sommes pas des francs-maçonnes, nous, nous aimons le bon Dieu, Vive le Christ !

L'une d'elle, Henriette Bonnevie, voit son directeur gisant à terre, menacé d'un second coup de feu ; elle se précipite pour le protéger et lui faire un rempart de son corps. Une balle lui traverse la poitrine, elle tombe foudroyée.

Le gouvernement s'étonne de voir ces jeunes filles pleines de foi, d'élan, de résolution ; il cherche dans des instructions qui leur auraient été données le secret de cette résistance, il espère y trouver des moyens pour établir la complicité du curé, du vicaire et des sœurs. Vous ne partagerez pas cet étonnement sur l'attitude et les sentiments de ces ouvrières lorsque vous saurez que, sous la Terreur, le Saint sacrifice se célébrait dans les granges de de leurs familles ; il y a dans cette région des communes où, pendant cette période néfaste, la moitié des maisons ont offert successivement asile aux prêtres qui venaient célébrer en secret les saints mystères. Elles ont puisé dans ces souvenirs une vaillance, une foi qui rappellent les chrétiens des premiers âges.

Cependant la force va encore une fois opprimer le

droit : le curé qui accourt auprès de son neveu Fischer, baigné dans son sang, est à son tour mis en joue; les ouvrières contre lesquelles s'acharnent les gendarmes sont obligées de se dérober à la violence; l'une d'entre elles, Marie Drevet, est atteinte dans sa fuite, par derrière; et c'est alors seulement que le sous-préfet crie : ASSEZ!

Les instructions du gouvernement avaient prévu le cas de résistance; elles recommandent d'en référer et de requérir l'intervention du parquet. On n'en a cure !

Les magistrats administratifs ne devaient cependant pas avoir besoin d'instructions spéciales pour savoir qu'ils étaient obligés de saisir la justice.

L'art. 44 de la loi organique, interdisant l'ouverture des chapelles sans autorisation du gouvernement, était demeuré longtemps sans sanction : en 1810 seulement on se ravisait, et l'art. 294 du Code pénal édictait contre ce fait une amende de 16 à 200 fr. A la condition de méconnaître toutes les garanties données à la liberté des cultes, ce serait la seule loi dont on pourrait, à la rigueur, demander l'application.

Mais il n'y avait pas légalement place à intervention active du préfet pour assurer l'exécution matérielle de l'arrêté de fermeture; encore moins à celle du sous-préfet qui ne peut jamais être officier de police judiciaire ! Il n'y avait pas prétexte à répandre le sang pour réprimer un délit punissable au maximum de 200fr. d'amende.

Bien plus le délit, si délit il y avait, n'était pas actuellement commis, et à supposer que l'exercice du culte dans cette chapelle intérieure pût constituer un danger public, il n'existait pas à ce moment-là. Au jour de l'expédition, l'autorité administrative se trouvait en présence d'un propriétaire qui avait chez lui la facilité, la faculté de commettre un délit, mais il suffisait que M. Giraud ne fît pas renouveler la célébration du culte pour que la justice elle-même ne trouvât plus dans l'avenir prétexte à une intervention, ni droit de répression. Il n'y avait à ce moment-là qu'une contravention à un arrêté préfectoral, ordonnant la fermeture de la chapelle, arrêté sans sanction à moins que l'on ne fasse décider que la contravention était punissable de 5 fr. d'amende.

Et c'est pour obtenir ce résultat que l'on viole à main armée le domicile d'un citoyen, que l'on fait trois victimes ! Le domicile est un asile sacré, que nul n'a le droit de franchir si ce n'est avec un mandat de justice et dans les cas strictement définis, avec les formalités prévues par la loi.

S'il suffisait d'un arrêté préfectoral pour justifier la violation d'un domicile, nul ne posséderait plus la sécurité de son foyer : chaque citoyen serait exposé à être brutalement expulsé de chez lui. Le préfet se contenterait d'alléguer qu'il ferme une chapelle, qu'il expulse des Jésuites ou des Capucins déguisés, et le père de famille chassé de son domicile, le maître de forges chassé de son usine n'auraient même pas la ressource de faire la preuve de leur identité devant un tribunal quelconque : un tribunal des conflits, présidé par un Cazot, leur fermerait impitoyablement la bouche et leur répondrait qu'en

France il n'y a plus de justice pour les catholiques.

L'administration invoque, il est vrai, un décret du 22 décembre 1812 qui chargeait les préfets de poursuivre la fermeture des chapelles non autorisées. Il est facile de lui enlever cette arme : ce décret, dirigé d'ailleurs contre les adversaires du concordat, désignés sous le nom de membres de *la petite Eglise,* ne conférait pas aux préfets d'autres pouvoirs que ceux qu'ils tiennent, comme officiers de police judiciaire, de l'art. 10 du Code d'instruction criminelle, le droit de constater un délit, le droit d'en livrer les auteurs à la justice.

Le préfet de l'Isère ne pouvait y puiser ni le droit de déléguer ses pouvoirs au sous-préfet, ni celui d'employer la force armée pour envahir un domicile.

Le décret de 1812 accordait un délai de 6 mois pour régulariser la situation des chapelles ouvertes sans autorisation. Il avait été suivi par un décret du 26 juin 1813, dont le gouvernement semble avoir ignoré l'existence, et qui prorogeait de 6 à 10 mois le délai précédemment accordé. En prenant comme point de départ la lettre du 19 juin 1885, le délai n'était pas encore expiré ! Il n'est pas possible d'échapper à ce dilemme : ou le décret de 1812 est inapplicable, comme nous le pensons, ou bien il faut le prendre avec la modification qui lui a été apportée par le décret de 1813, et reconnaître que le délai pour la fermeture n'était pas encore atteint.

La précipitation est inexcusable, la violence est plus inexcusable encore. Si le préfet pouvait prendre un arrêté, il devait laisser à la justice le soin d'en assurer et d'en faire respecter l'exécution.

Nul ne l'ignorait il y a dix ans parmi ceux auxquels étaient confiées les délicates et importantes fonctions préfectorales, mais cela s'appelait le régime de l'ordre moral.

S'il y a des textes de lois à invoquer dans l'affaire, ce sont les articles du Code pénal punissant de peines sévères le fonctionnaire qui s'introduit dans le domicile d'un citoyen en dehors des exceptions nettement définies par la loi pénale.

Pour annihiler nos droits imprescriptibles, pour violer la liberté de notre culte, il ne suffit pas de répéter qu'il y a des lois existantes, il faut l'établir.

Déjà en 1880, lors de l'exécution des fameux décrets contre les congrégations religieuses, on avait invoqué les lois existantes. Ce n'était qu'un fantôme de légalité. Les consultations des jurisconsultes les plus éminents, l'adhésion de tous les grands barreaux de France, la démission de 300 membres des parquets, l'honneur et la gloire de la magistrature française, ont fait justice des soi-disant légistes !

On a dit que l'hypocrisie est un hommage rendu par le vice à la vertu. — L'invocation des lois existantes par les ennemis de la religion n'est qu'une manifestation de leur hypocrisie, destinée à séduire les âmes faibles, toujours disposées à donner raison au pouvoir arbitraire pourvu qu'il conserve les apparences de la légalité.

Nous avons le droit, nous avons le devoir de confondre les hypocrites pour les empêcher d'égarer les âmes faibles. Nous avons le droit... le devoir de leur arracher le masque dont ils se couvrent.

Quand nous les voyons demander le déplacement du curé de Châteauvillain sous prétexte de vouloir assurer l'administration des sacrements, nous avons le devoir de dire : A bas les masques ! Vous n'êtes que des incrédules, des imposteurs, des athées, vous outragez notre foi, vous n'avez aucun droit pour défendre les intérêts religieux !

Vous prétendez trouver dans le concordat une arme de guerre pour asservir l'Eglise : à bas les masques ! le concordat a été un traité de pacification religieuse ; il mettait un terme à la persécution la plus sanglante des temps modernes, il avait pour but de rendre à l'Eglise la liberté ; c'est un contrat synallagmatique, il faut l'exécuter de bonne foi. N'oubliez pas, comme l'a rappelé l'éminent cardinal Guibert, que le dernier article du concordat prévoit le cas où l'un des successeurs du premier consul ne serait pas catholique.

Vous prétendez qu'il suffit que l'on ne puisse pas apporter un texte formel abrogeant l'art. 44 de la loi organique du 18 germinal an X, qui subordonne à l'autorisation du gouvernement l'ouverture des chapelles, pour justifier tous les arbitraires et toutes les violences !

A bas les masques, hypocrites ! Vous savez bien que cette disposition est accompagnée de dix autres qui n'ont jamais été exécutées, dont vous n'oseriez jamais réclamer l'exécution ; ni l'art. 43 qui prescrit au clergé le port de l'habit à la française, ni l'art 39 qui

prétendait imposer un seul catéchisme, ni les articles
qui soumettaient à l'agrément du gouvernement le
recrutement du clergé ou défendaient aux évêques
de sortir de leur diocèse sans autorisation, ni celui
qui constituait des commissions, à la nomination du
premier consul, et leur confiait l'examen des prêtres
proposés pour l'épiscopat.

Toutes les constitutions qui se sont succédé depuis 70 ans nous ont garanti la liberté des cultes ; de
cet engagement on voudrait aujourd'hui faire un
leurre pour les catholiques et réserver, pour ceux-là
seuls qui ne veulent rien croire, la liberté des cultes !
C'est ce que les sectaires de notre époque entendent
lorsqu'ils demandent la séparation de l'Eglise et de
l'Etat, pour s'affranchir de la dette qu'ils ont con-
tractée. Qu'ils ne comprennent pas l'iniquité de la
spoliation, pour des gens qui ne reconnaissent aucun
droit, cela se conçoit ; mais qu'ils aient du moins
assez de logique et de bon sens pour comprendre que
cette séparation ne peut s'opérer qu'en rendant à
l'Église la liberté dont le nom seul les fait trembler.
Champions de toutes les libertés, jusqu'à la licence,
ils ne font de réserves que contre la plus chère, la
plus précieuse, la plus inviolable, en même temps
qu'elle sera toujours la plus incoërcible de toutes les
libertés, la liberté des consciences ; la liberté de
l'Eglise.

Comme tous leurs ancêtres en persécution, les
sectaires espèrent, en la privant de sa liberté, détruire l'Eglise catholique ! Ils pourront la persé-
cuter, mais la détruire jamais ! Ils n'ont ni le pouvoir

de Néron, ni celui de Julien l'apostat; ils ne sont que la monnaie de Robespierre et de Marat.

De plus puissants qu'eux s'y ont essayés et ils y ont renoncé. Tandis que notre grand Pontife Léon XIII groupe les forces conservatrices contre l'envahissement progressif de la révolution sociale, nous venons de voir M. de Bismarck faire voter à une immense majorité l'abrogation des lois de mai, proclamant que « la « concorde des deux pouvoirs, l'Etat et l'Eglise, est un « des éléments constitutifs de toute société ; » reconnaissant « que la liberté de la foi et de la conscience « est la condition nécessaire de toute vie morale « chez les individus ; » ajoutant que « continuer un « combat sans issue contre ces deux vérités, ce serait « méconnaître, avec les lois de l'histoire, les fondements de tout l'organisme politique » !

Voilà le langage du chancelier de fer : qu'ils se fassent persécuturs maintenant ceux qui n'ont assez d'intelligence ni pour comprendre les véritables intérêts de la France ni pour apprécier leurs intérêts personnels. Ou plutôt qu'ils continuent à obéir servilement, aveuglément et sans initiative aux ordres de la franc-maçonnerie.

C'est la maçonnerie en effet qui inspire et dirige la campagne contre l'Eglise.

On n'a pas assez mis en relief l'aveu échappé le 27 juin 1885, dans un banquet maçonnique, à M. Constans, l'expulseur des congrégations religieuses: « C'est « dans la franc-maçonnerie, où je suis entré il y a « trente-deux ans, que j'ai entendu dire pour la pre-

« mière fois que le cléricalisme était l'ennemi com-
« mun. »

Un des *très puissants souverains grands comman-
deurs* de l'ordre (un de ses hauts dignitaires), dans
un rituel de maçonnerie pratique récemment publié,
révèle plus nettement qu'on ne l'avait fait jusqu'à ce
jour le but poursuivi par la secte : *La destruction de
la religion pour avoir à sa merci la loi et la propriété* (1).

C'est pour atteindre ce but satanique que la franc-
maçonnerie cherche à déchristianiser la France ; c'est

(1) Commentant les symboles du grade, l'auteur explique à
l'initié que trois assassins, trois infâmes conspirent contre le
bonheur de l'homme et contre ses droits.

« Ces trois assassins infâmes sont :
« La loi.
« La propriété.
« La religion.

« La loi, parce qu'elle n'est pas l'harmonie parfaite entre les
« droits de l'homme isolé et les devoirs de l'homme social en
« société, droits qui nous sont acquis à tous dans toute leur
« intégrité, devoirs qui ne sont que la conséquence immédiate
« du droit qu'a chacun de nous de jouir de tous ses droits sans
« en être empêché par personne.

« La propriété, parce que la terre n'appartient à personne et
« que ses produits appartiennent à tous dans la mesure pour
« chacun des besoins réels de son bien-être.

« La religion, parce que les religions ne sont que des philo-
« sophies d'hommes de génie, que les peuples ont adoptées
« sous condition expresse qu'elles viennent constituer un sur-
« croît de bien-être pour eux.

« Ni la loi, ni la propriété, ni la religion, ne peuvent donc
« s'imposer à l'homme ; et comme elles l'annihilent en le pri-
« vant des droits les plus précieux, ce sont des assassins dont
« nous avons juré de tirer la plus éclatante des vengeances, des
« ennemis auxquels nous avons juré une guerre à mort, à ou-
« trance et sans quartier.

« De ces trois ennemis infâmes, c'est la religion qui doit être
« le souci constant de nos attaques meurtrières, parce qu'un
« peuple n'a jamais survécu à sa religion et que c'est en tuant
« la religion que nous aurons à notre merci et la loi et la pro-
« priété, et que nous pourrons régénérer la société en établis-
« sant sur les cadavres de ces assassins la religion maçonnique,
« la loi maçonnique, la propriété maçonnique. » (*La Maçonnerie pratique*, rituel du 33ᵉ degré.)

pour l'atteindre qu'elle a entrepris de fermer les chapelles, en commençant par la chapelle des ouvriers, afin de préparer une nouvelle fermeture des églises, déjà annoncée par le projet de suppression du budget des cultes.

Fidèles aux enseignements du grand Pontife que Dieu a donné à son Eglise, pour la conduire au milieu des luttes acharnées qui sont dirigées contre elle, disciples convaincus des doctrines exposées dans ses célèbres encycliques, les chrétiens seuls, on ne peut plus le méconnaître, peuvent défendre l'ordre social tout entier. A l'envahissement du socialisme et de l'anarchie, à ces masses passionnées, mais logiques qui ne voient qu'une chose, la destruction de la propriété, que l'on soulève en excitant leurs convoitises, l'Église seule peut opposer une digue en rappelant non seulement le précepte : *Bien d'autrui tu ne prendras*, mais encore :

> *Bien d'autrui ne convoiteras*
> *Pour les avoir injustement.*

Le remède au socialisme le voilà ; l'Eglise l'enseigne aux plus petits de ses enfants : l'esprit humain peut s'ingénier et chercher, il n'en trouvera pas d'autre.

Dans cette affaire de Châteauvillain où nous rencontrons, avec le retentissement causé par la violence des agents, à la fois une attaque contre la religion et une attaque contre la propriété, il semble que nous devions voir un avertissement solennel donné par la Providence à notre cher et malheureux pays. Sous la menace du péril, c'est le cri qui retentit :

> *Sentinelles, prenez garde à vous.*

C'est le cri du veilleur, à bord des navires de l'État, pour assurer, dans l'obscurité de la nuit, sa marche au milieu des écueils :

Ouvre l'œil au bossoir d'avant!

Les aveugles ou les complices seuls peuvent ne pas comprendre qu'en défendant les intérêts religieux et moraux nous défendons les intérêts matériels de la France. Mais nous qui connaissons la vérité, nous devons envoyer aux victimes de Châteauvillain l'hommage de notre sympathie comme nous devons à ceux qui se sont faits leurs vaillants défenseurs à la tribune française, le témoignage de notre reconnaissance.

Dans cette grande crise qui s'ouvre, où tous les intérêts matériels sont menacés d'être compromis et engloutis, il faudra cependant ouvrir les yeux. L'heure de l'indifférence, de l'indécision ou du respect humain est passée, il faut prendre parti pour l'Église, ne fut-ce que pour sauver son coffre-fort.

Aussi bien il va falloir faire acte de foi devant la caisse du percepteur. Un nouveau projet pour la suppression du budget des cultes propose d'enjoindre à l'administration de notifier à chaque contribuable la part qui revient aux cultes sur sa cote de contributions, et il accorde à chacun la faculté de s'en faire dégrever. Il n'y aura plus de tergiversation possible, il faudra se dire chrétien et confirmer sa déclaration par un sacrifice de sa bourse.

Proposé un jour, accepté par la commission du budget, ajourné le lendemain, ce projet a toutes chances d'être voté par une Chambre où la majorité laisse dire sans protestation que l'on n'a pas fait tomber assez de têtes en 1793.

Si la France avait le malheur de compter assez de lâches, je ne parle pas des incrédules et des athées, ils ne sont encore qu'une infime minorité dans ce pays, si la France avait le malheur de compter assez de lâches pour être inscrite au rang des peuples apostats, c'en serait fait et de son honneur et de ses richesses. Dieu laisserait déchaîner sur elle la fureur des passions démagogiques, le socialisme et l'anarchie ne rencontreraient plus aucun obstacle à leurs dévastations, et l'on ne verrait bientôt plus partout en France que des ruines et du sang.

La France n'apostasiera pas devant la caisse du percepteur ! avec ses œuvres, avec ses religieux, avec son clergé elle est, et elle demeurera toujours, en tout et partout, la fille aînée de l'Église. — Dieu ne l'abandonnera pas !

Comme ces Bretons, qui au jour des expulsions de 1880 couraient en foule au tribunal de Rennes, criant : *justice, justice et liberté*, nous revendiquerons tous les droits que nous reconnaissent encore les lois, véritablement existantes celles-là, de notre pays ; comme saint Paul revendiquant devant le préteur sa qualité de citoyen romain, *civis romanus sum*, nous réclamerons pour l'Église le droit à la justice et la liberté de la défense, *Forum et jus !* Et si pour nous, demain, comme hier, pour les victimes de Château-villain, il n'y avait plus ni loi ni justice ; si nous étions écrasés par la force, comme Fischer blessé, presque mourant, saisissait avec amour le crucifix de la religieuse qui venait le secourir, nous prendrons la croix du Christ, nous en ferons notre signe de ralliement, nous l'élèverons au-dessus de nos têtes pour l'opposer à la franc-maçonnerie et ce signe qu'elle outrage, ce signe qui la terrifie, ce signe seul la fera reculer : *In hoc signo vinces.*

Dieu entendra le cri désespéré de nos consciences opprimées, lui demandant *que son règne arrive, que sa volonté soit faite sur la terre,* il voudra régner encore sur la France, sur ses mœurs, sur ses institutions, il régénérera l'ordre social, nous pouvons en avoir la ferme confiance parce que nous croyons en Dieu.

PARIS. — IMPRIMERIE F. LEVÉ, RUE CASSETTE, 17.